MATEMÁTICAS
CUADERNO DE ACTIVIDADES
1º PRIMARIA

**DAN LIPSCOMBE
Y BRAD THOMPSON**

INTRODUCCIÓN

CÓMO USAR ESTE LIBRO

¡Bienvenido a una experiencia educativa muy emocionante! A través de estas páginas, vivirás una serie de aventuras que te llevarán por el increíble mundo de Minecraft al mismo tiempo que mejorarás tus habilidades matemáticas. Gracias a este cuaderno de actividades, que sigue el currículo actual de matemáticas para niños de 5 a 6 años (1.º Educación Primaria), visitarás lugares fascinantes donde nuestros héroes se embarcarán en diversos proyectos de construcción y buscarán tesoros con audacia... ¡a la vez que mantendrán a raya a esas molestas criaturas!

A medida que avances en cada aventura, irás resolviendo problemas basados en distintos temas y a cambio obtendrás una cierta cantidad de esmeraldas 🟢 que podrás canjear en la última página. Las preguntas más complicadas están marcadas con este icono ❤️ y ampliarán tus conocimientos. Las respuestas se incluyen al final del libro.

Nota: Cuando hagas los ejercicios de este libro, tal vez necesites el apoyo de un adulto para comprender bien las explicaciones o proporcionarte ayuda adicional.

CONOCE A NUESTROS HÉROES

A Jacob le gusta construir y fabricar cosas grandes y pequeñas... ¡y todo lo que hay en medio! Como siempre está muy atareado construyendo edificios y fabricando herramientas, suele tener hambre. Y como su color favorito es el verde, para él hallar esmeraldas en sus aventuras es algo... ¡simplemente maravilloso!

A Cali le encanta explorar cuevas para buscar minerales valiosos. En cuanto ve una cueva abierta donde asoma el brillo del hierro, enseguida va para allá con su pico. Su color favorito es el dorado... ¡porque es el del oro, por supuesto!
    A Cali también le gustan mucho los animales.

Editado por HarperCollins Ibérica, S. A., 2025
Avenida de Burgos, 8B - Planta 18
28036 Madrid
www.harpercollinsiberica.com
Publicado originalmente por Collins, un sello
de HarperCollins*Publishers*

© 2025 Mojang AB. Todos los derechos reservados.
    Minecraft, el logotipo de Minecraft, el logotipo de Mojang
    Studios y el logotipo de Creeper son marcas registradas
    del grupo de compañías de Microsoft.
© de la traducción: Raúl Sastre, 2025
© HarperCollins Ibérica S. A., 2025
Autores: Dan Lipscombe y Brad Thompson
Coordinador: Richard Toms
Diseño: Ian Wrigley y Sarah Duxbury

Agradecimiento especial a Alex Wiltshire, Sherin Kwan
y Marie-Louise Bengtsson de Mojang y al equipo de Farshore

ISBN: 978-84-19802-81-1
Depósito legal: M-7913-2025
Maquetación: Gráficas 4
Impreso en España

Producto de papel FSC™ certificado
de forma independiente para garantizar
una gestión forestal responsable.

MIXTO
Papel | Apoyando la
silvicultura responsable
FSC® C007507

2

ÍNDICE

LAS LLANURAS: UNA GRAN BASE

Las llanuras son amplias y están listas para ser exploradas. Con su hierba corta, son el lugar perfecto para construir una casa. Puedes oír cacarear a las gallinas; además, las ovejas, los cerdos y las vacas buscan cobijo bajo los robles y los abedules. A veces, se puede ver a las abejas volar de las flores a su colmena, donde harán una miel muy rica.

MATERIALES POR TODAS PARTES

No hay muchas colinas en las llanuras, pero hallarás ríos repletos de salmones. En las orillas, las cañas de azúcar crecen altísimas. Todo lo que encuentres en las llanuras te será útil.

LAS NOCHES SON ESPELUZNANTES

Cuando oscurece en las llanuras, aparecen toda clase de criaturas dispuestas a causar problemas. Los zombis caminan arrastrando los pies, las arañas trepan a los árboles y los esqueletos disparan flechas desde lejos. Los creepers tal vez sean las criaturas más aterradoras, ya que pueden explotar si se acercan demasiado.

LOS PRIMEROS PASOS

Jacob se ha generado en las llanuras. No tiene nada en su inventario y necesita un lugar para vivir. Mientras explora, ve a otra aventurera: Cali. Deciden aunar esfuerzos para construir, fabricar y cosechar. Pero primero, Jacob debe encontrar un lugar para construir su casa...

4

LOS NÚMEROS Y A CONTAR

Jacob comienza a explorar las llanuras. Entonces encuentra un lugar ideal donde construir su casa de madera. Para poder empezar, necesitará una mesa de trabajo.

1

Jacob recoge madera para fabricar tablones. Con esos tablones, fabricará una mesa de trabajo. Puedes ver los tablones en este dibujo.

¿Cuántos tablones va a usar Jacob?

Jacob quiere plantar algunas flores en la hierba que rodea su casa. Con las flores, se pueden fabricar tintes, y con los tintes, se puede cambiar el color de distintas cosas.

2

Une cada casilla con el dibujo correcto.

12 tulipanes	16 amapolas	20 dientes de girasol

COLOREA LAS ESMERALDAS QUE HAYAS GANADO

5

CUENTA HACIA ADELANTE Y HACIA ATRÁS

Lo primero que hace Jacob para construir su casa de madera es levantar las paredes. En cada esquina de la casa, Jacob coloca un tronco de roble. Después, coloca una capa de tablones de roble. Los bloques están numerados por orden.

1

¿Qué cinco números faltan en estos bloques?

Escribe los números que faltan en estos cuadros:

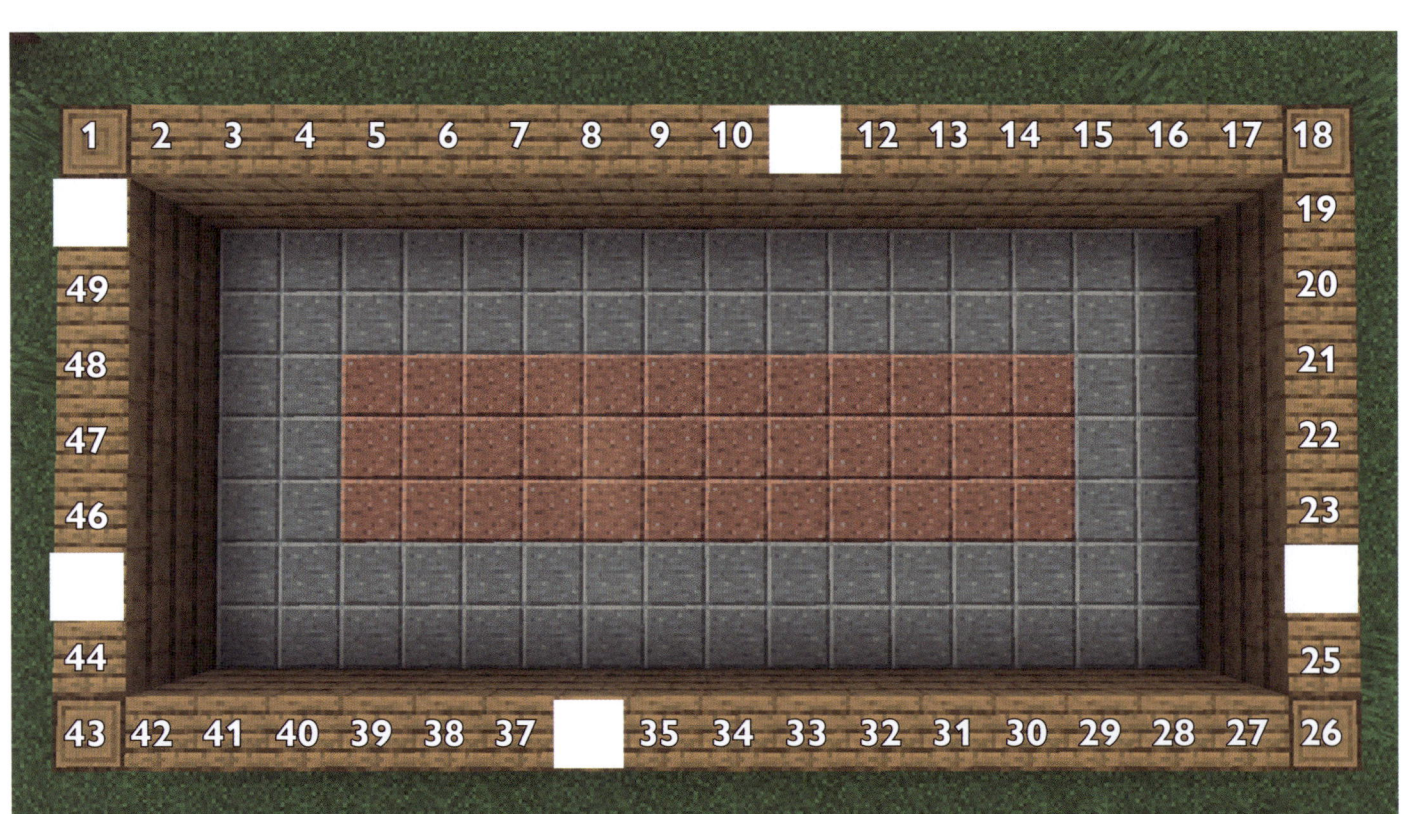

Jacob ha terminado las paredes de su casa. Ahora quiere construir un techo de adoquines para impedir la entrada a las peligrosas arañas. Con su pico, Jacob excava una zona donde hay piedras para conseguir materiales con los que construir.

2

Jacob está en el bloque 24 y cuenta los bloques hacia adelante.
Escribe el bloque en el que acaba.

a) Cuenta hacia adelante 2 bloques desde el bloque 24 =

b) Cuenta hacia adelante 7 bloques desde el bloque 24 =

c) Cuenta hacia adelante 9 bloques desde el bloque 24 =

3

Jacob está en el bloque 45 y cuenta hacia atrás los bloques.
Anota el bloque en el que acaba.

a) Cuenta hacia atrás 3 bloques desde el bloque 45 =

b) Cuenta hacia atrás 6 bloques desde el bloque 45 =

c) Cuenta hacia atrás 10 bloques desde el bloque 45 =

COLOREA LAS ESMERALDAS QUE HAYAS GANADO

CUENTA UNO MÁS Y UNO MENOS

Jacob vuelve a casa y ve que Cali ha logrado reunir un montón de animales. Jacob decide alimentarlos. Necesita ayuda para echar un vistazo a su inventario y ver qué pueden comer.

1

Para alimentar a todos los animales, Jacob necesita un objeto más de cada elemento. A cada elemento de abajo, súmale otro más y luego escribe la suma total. Tienes espacio para dibujar otro más si quieres.

a)

b)

c)

d)

e)

Como la granja se está llenando porque los animales están teniendo muchas crías, Jacob se lleva de ahí a algunas de ellas.

2

Jacob se lleva un animal de cada especie. Resta un ejemplar a cada especie que aparece aquí abajo. Anota la respuesta en la casilla.

a)

b)

c)

d)

e)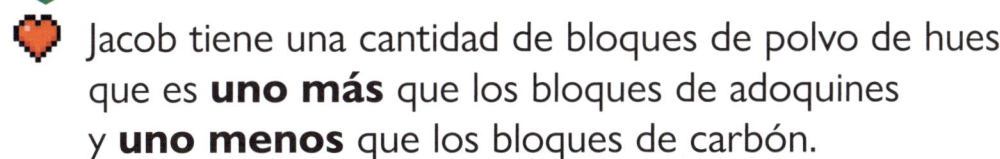

Jacob está usando polvo de hueso para fertilizar sus cultivos porque así las plantas y los árboles crecen más rápidamente.

3

❤ Jacob tiene una cantidad de bloques de polvo de hueso que es **uno más** que los bloques de adoquines y **uno menos** que los bloques de carbón.

Carbón

Adoquín

¿Cuántos bloques de polvo de hueso tiene?

CUENTA DE 2 EN 2, DE 5 EN 5 Y DE 10 EN 10

Jacob va a construir un muro de piedra alrededor de la casa de madera. Quiere levantar el muro para delimitar el terreno que ocuparán su granja y sus cultivos. Ahí planta unas semillas: de patatas en grupos de dos, de zanahorias en grupos de cinco y de trigo en grupos de diez.

1

Cuenta las patatas de dos en dos y anota la suma total en la casilla.

2

Cuenta las zanahorias de cinco en cinco y anota la suma total en la casilla.

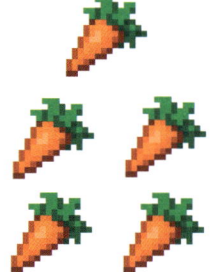   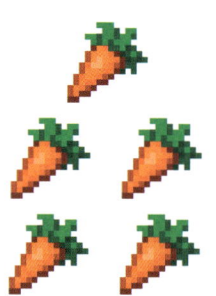   

3

Cuenta el trigo de diez en diez y anota la suma total en la casilla.

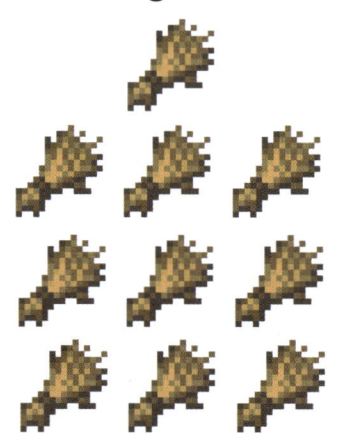   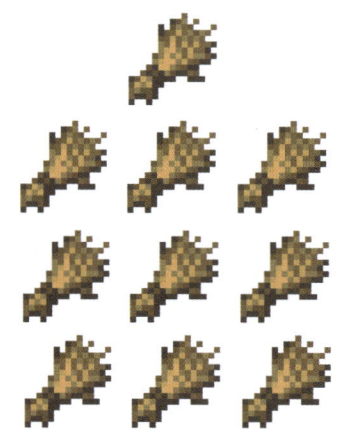

Jacob sale a explorar y encuentra una aldea. Aquí puede canjear parte de los alimentos que ha cultivado por esmeraldas.

 4

Cada alimento se puede canjear por este número de esmeraldas:

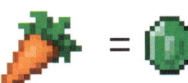

En las casillas, puedes ver cuántos alimentos va a canjear Jacob. Une cada casilla con el aldeano agricultor que tiene el número correcto de esmeraldas para pagarle a Jacob.

   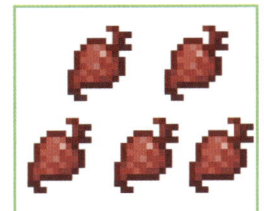   

12 🟢   **25** 🟢   **3** 🟢

5

 Como ahora Jacob tiene algunas esmeraldas para canjear, le compra 30 lingotes de oro a Cali.

 = 🟢 1 esmeralda

Rodea el número de esmeraldas necesarias para comprar 30 lingotes de oro.

MAYOR QUE, MENOR QUE E IGUAL A

Jacob sale de casa por la noche. Ahí fuera, puede ver que hay criaturas muy poco amistosas por todos lados. ¡Las criaturas hostiles van a tener una noche muy ajetreada!

1

Jacob puede ver dos grupos de criaturas.

Rodea la expresión correcta para completar la oración.

El grupo de arañas es   **mayor que**   **menor que**   el grupo de zombis.

2

Jacob mira a un lado y puede ver otros dos grupos de criaturas.

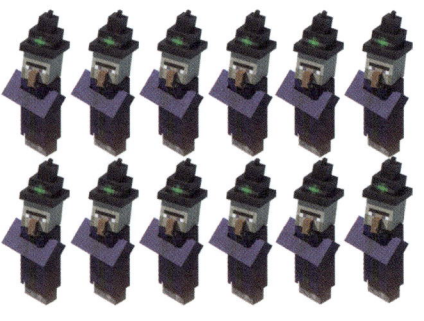

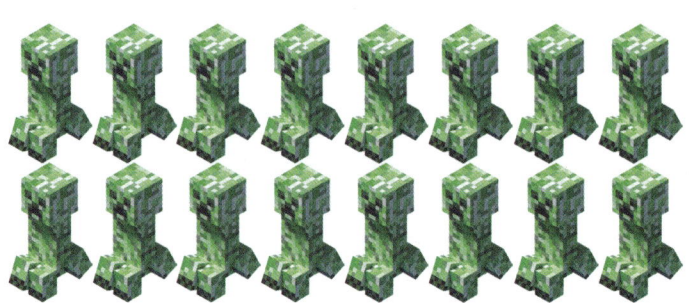

Rodea la expresión correcta para completar la oración.

El grupo de creepers es   **mayor que**   **menor que**   el de brujas.

Jacob está talando más árboles para obtener madera. Mientras tala dos robles, unas manzanas caen de ellos.

3

Rodea el árbol del que han caído más manzanas.

Jacob regresa a casa y quiere esquilar a sus ovejas para obtener su lana. Tiene ovejas verdes, ovejas rojas y ovejas azules. Las esquila por la mañana y por la noche.

4

 En el lado izquierdo de cada columna, puedes ver el número de bloques de lana que Jacob ha obtenido por la mañana de cada clase de oveja. En el lado derecho, puedes ver el número de bloques de lana que ha obtenido por la noche de cada clase de oveja. Compara las cantidades obtenidas por la mañana y por la noche.

Anota si es **mayor que**, **menor que** o **igual a:**

a) 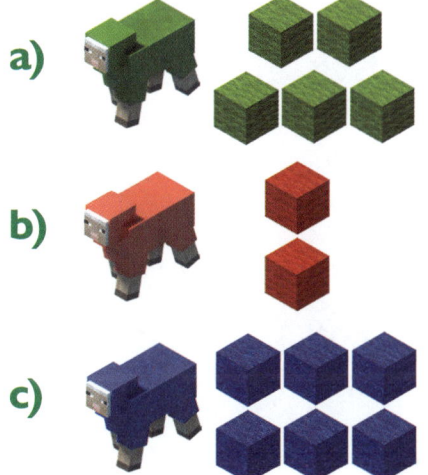 ....

b) ....

c)

REPRESENTACIÓN DE LOS NÚMEROS

Para obtener más recursos, Jacob excava una cueva cercana en busca de hierro. Mientras cava, va dejando a su paso columnas de piedra. Cada una está hecha de diez bloques de piedra y quedan algunos bloques de hierro sueltos.

1

¿Qué número de bloques muestra cada imagen? Traza unas líneas que unan los dibujos con los números correctos.

10　　　**19**　　　**13**

 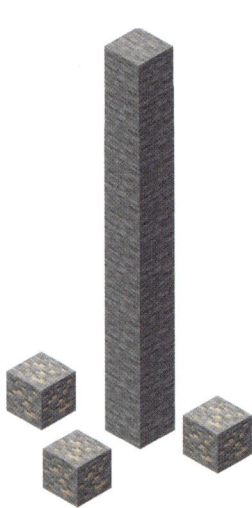

2

Escribe el número de bloques que hay en cada imagen.

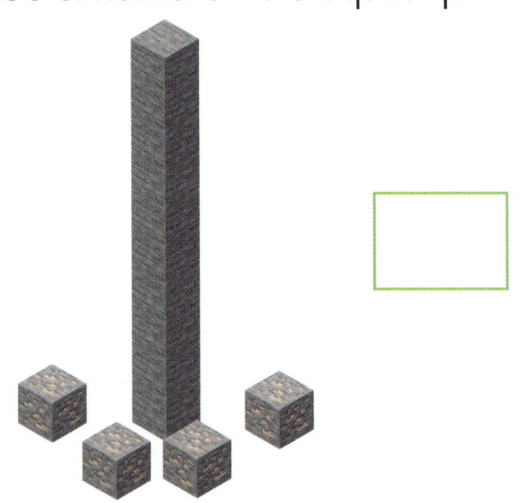 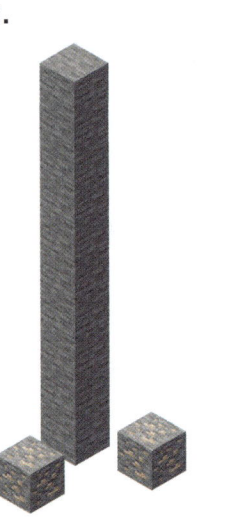

14

COLOREA LAS ESMERALDAS QUE HAYAS GANADO

RESUMEN DE LA AVENTURA

HOGAR, DULCE HOGAR

Con los materiales que ha encontrado en las llanuras, Jacob ha construido un bonito hogar: una pequeña granja con hortalizas y una zona para los animales de Cali. Ahora la casa es una auténtica base. Tiene dos dormitorios, una cocina y mucho espacio para nuevos objetos.

UNA GRANJA FELIZ

Los animales parecen felices y tienen unas hermosas crías. Además, el cofre de comida siempre está lleno. No obstante, la granja necesita más luz para evitar que se engendren más criaturas y garantizar la seguridad de los animales.

¡AÚN HAY MUCHO POR HACER!

Todavía queda mucho por construir y nuevas herramientas que fabricar. Jacob y Cali quieren utilizar distintos tipos de madera para sus construcciones. También tienen que cocinar más rápido, ya que explorar les da mucha hambre. Y sobre todo necesitan armas y armaduras para protegerse.
Hacen una lista de lo que les falta:

- Unas espadas y una armadura
- Más comida
- Más madera
- Encontrar carbón para las antorchas y los hornos

SUMAS Y RESTAS

LOS FRUTOS DEL BOSQUE

En el Mundo superior hay muchos bosques con distintos tipos de árboles. Los champiñones crecen a la sombra y se pueden hacer unos guisos muy ricos con ellos. En los bosques, hay lagos poco profundos llenos de peces y zonas arcillosas. También hay una gran cantidad de madera y comida.

LOS ÁRBOLES Y LAS ABEJAS

De vez en cuando, los árboles están más espaciados y hay flores por todas partes. Estas áreas tan hermosas son difíciles de encontrar. Los conejos corren de aquí para allá y las abejas vuelan recolectando polen. Los bosques pueden ser unos lugares muy hermosos para explorar, pero están llenos de peligros por las noches.

UN LOBO COMO ANIMAL DE COMPAÑÍA

Normalmente, te toparás con vacas, cerdos y gallinas, pero los lobos son más raros de ver. Son bastante pacíficos, salvo cuando son atacados. Si los alimentas con huesos, cabe la posibilidad de que acabes domesticándolos.

GRANDES ESPERANZAS

Cali se adentra en un bosque de abedules con solo una espada de piedra, algo de comida y un inventario vacío. Espera poder volver con muchos objetos útiles. Quiere encontrar más comida, pero el carbón y el hierro también son importantes.

Cali está en el bosque buscando algunos champiñones para hacer un guiso. Los busca cerca del suelo, debajo de los árboles más altos.

1

Cali ha encontrado
4 champiñones marrones,
pero para la receta necesita
7 champiñones marrones.
Dibuja abajo los que le faltan
para hacerse su guiso.

2

Ahora anota el resultado de esta operación.

$$4 + \boxed{} = 7$$

Ahora que Cali tiene todos los champiñones, necesita madera para fabricar algunos cuencos. Como Cali ha talado algunos abedules, tiene 8 troncos. Y como le sobra madera para fabricar los tablones, decide utilizar 4 troncos para hacer los cuencos.

3

¿Cuántos troncos usará Cali para fabricar tablones? Tacha los que vaya a usar para hacer cuencos.

4

Ahora anota el resultado de esta operación.

$$8 - 4 = \boxed{}$$

COLOREA LAS ESMERALDAS
QUE HAYAS GANADO

17

RESUELVE PROBLEMAS DE SUMAS Y RESTAS

Cali se adentra todavía más en el bosque y ve muchos conejos y algunas abejas. Como lleva algunas zanahorias encima, intenta alimentar a los conejos con ellas.

1

Cali encuentra 4 conejos. Y luego se topa con otros 5 conejos. Dibújalos y escribe la suma total en la casilla.

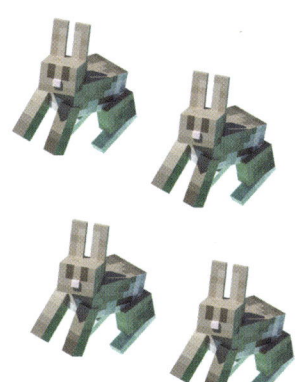

$4 + 5 = \boxed{}$

A Cali le gustaría fabricar tinte magenta. Quiere teñir un poco de lana para hacerse algunos adornos. Para fabricarlo, necesita unas flores llamadas lilas que crecen en el bosque.

2

Cali tiene 12 lilas en su inventario. Si añade 8 más, ¿cuántas lilas tiene en su inventario ahora?

$12 + 8 = \boxed{}$

Cali se detiene para echar un vistazo a su inventario. Se está quedando sin alimentos.

3

Cuando inició su exploración, Cali tenía 19 chuletas de cerdo. Después de caminar, talar y cavar, le quedan 9 chuletas de cerdo.

¿Cuántas se ha comido?

$19 - 9 =$ ☐

Cali logra hacerse con algunas manzanas. Cada manzana le añade 2 muslos de pollo en la barra del hambre.

4

Después de comer 4 manzanas, la barra del hambre de Cali está llena.

¿Cuántos muslos de pollo debía tener en su barra del hambre antes de comerse las 4 manzanas?

Coloréalos para que te resulte más fácil resolver este problema y anota tu respuesta en la casilla.

☐

NÚMEROS DE DOS CIFRAS

Cali teme que las criaturas vayan a salir enseguida. Por suerte, ha encontrado hierro mientras cavaba y podrá hacerse una armadura. Con unos tablones de madera y unos adoquines, se fabrica una mesa de trabajo y un horno.

1

Cali tiene 18 lingotes de hierro. Con 8 de ellos, fabrica una coraza. ¿Cuántos lingotes de hierro le quedan?

Tacha 8 lingotes de hierro y anota la respuesta en la casilla.

Un grupo de 4 esqueletos se aproxima a Cali y, tras un duro combate, ella los derrota. Después, se topa con otro grupo de esqueletos a los que también vence.

2

Cali ha derrotado a 8 esqueletos hasta ahora. Después vence a 4 más, que tienes que dibujar.

¿Cuántos esqueletos ha derrotado en total? Anótalo en la casilla.

Cali decide que ya es hora de salir del bosque y volver a casa. Por el camino, ve que 8 zombis la siguen. A lo lejos, aparecen 8 zombis más.

3

¿Cuál es el número total de zombis que Cali ha visto? Marca con un ✓ la respuesta correcta.

8 ☐   16 ☐   20 ☐

Cali se da cuenta de que su casa necesita tener algo más de luz a su alrededor para evitar que se generen criaturas.

4

Cali ha encontrado 20 bloques de carbón para fabricar antorchas.

Traza una línea que una cada pregunta con la respuesta correcta.

Cali usa 5 bloques de carbón. ¿Cuántos bloques de carbón le quedan?	**8 bloques**
Cali usa 12 bloques de carbón. ¿Cuántos bloques de carbón le quedan?	**5 bloques**
Cali usa 15 bloques de carbón. ¿Cuántos bloques de carbón le quedan?	**15 bloques**

Cali llega a casa antes de que los zombis se acerquen demasiado. Comienza a fabricar antorchas y las coloca sobre el muro de piedra que rodea la casa.

5

El muro está formado por 10 bloques de piedra. ¿En cuántos bloques ha colocado Cali antorchas?

a)

$8 + \boxed{} = 10$

b)

$6 + \boxed{} = 10$

Cali también quiere colocar unas antorchas en los laterales de la casa, ya que las criaturas se engendran donde no hay luz.

6

Cali quiere poner 20 antorchas en total, pero solo le quedan 11 en el inventario. ¿Cuántas antorchas más necesita?

$$20 = 11 + \boxed{}$$

COLOREA LAS ESMERALDAS QUE HAYAS GANADO

22

RESUMEN DE LA AVENTURA

UNA BUENA EXPERIENCIA

Cali ha sobrevivido a su visita al bosque. Explorarlo durante el día ha sido muy fácil. Se ha hecho con mucha madera y ha encontrado hierro y carbón. También ha traído muchos champiñones para hacer un guiso. Además, ha visto gran cantidad de vida silvestre.

ALGUNOS PROBLEMAS

Cali se ha topado con unos cuantos problemas. Como no llevaba suficiente comida, ha tenido que cazar unos conejos. También se ha quedado más tiempo del previsto, así que ha tenido que fabricar una armadura para luchar contra las criaturas.

PLANIFICACIÓN Y PREPARACIÓN

Cali ha utilizado sus bloques de carbón para fabricar unas cuantas antorchas más para proteger mejor la casa. El resto lo echará al horno para poder preparar la comida. Ha aprendido que si quiere explorar debe estar preparada. Tras hablar con Jacob, trazan un plan juntos:

- Conseguir hierro para una armadura completa
- Crear un gólem de hierro para la casa
- Conseguir granito para decorar

23

OPERACIONES Y NÚMEROS ORDINALES

VAMOS A EXPLORAR CUEVAS

Las cuevas son unos lugares muy oscuros y espeluznantes. Pero las cuevas también están repletas de tesoros. El carbón y el hierro suelen abundar bajo tierra, y estos minerales se pueden usar en recetas de elaboración muy importantes, como las que permiten fabricar armas y armaduras. Los mejores materiales, como los diamantes, se suelen encontrar en lo más hondo del subsuelo.

LA MISIÓN

Jacob ha salido de casa con su armadura y una espada. Su inventario está repleto de comida y herramientas; está listo para minar.

LOS DIAMANTES SON PELIGROSOS

Los diamantes son uno de los materiales más difíciles de hallar. A veces se encuentran cerca de los charcos de lava. ¡Y más te vale no caer ahí! Excavar en estas zonas es muy peligroso.

LOS MONSTRUOS DE LAS CUEVAS

En la oscuridad, los murciélagos revolotean, pero no suelen dar problemas. Son los zombis, las arañas, los esqueletos y los creepers los que causan quebraderos de cabeza... incluso los limos. Los limos son muy desagradables y difíciles de combatir. Se dividen en otros limos cuando son atacados. Adoran los espacios oscuros y amplios como estas cuevas.

24

CÁLCULO

Jacob avanza por las cuevas y se topa con una pequeña zona donde abundan ciertos minerales. Deja una antorcha en el suelo para poder ver mientras excava. Como descubre unas vetas de hierro y oro, Jacob comienza a cavar.

1

Coloca los números y calcula para ayudar a Jacob.

a) 8 + 7   **b)** 12 + 5   **c)** 18 + 11   **d)** 22 + 6   **e)** 23 + 14

2

Jacob ha tenido suerte y ha encontrado 7 vetas de oro y 18 vetas de hierro.

¿Cuántas vetas ha encontrado en total?

Datos	Operación	Resultado

3

Para construir una espada necesita 2 lingotes de hierro; para construir un pico, 3 lingotes, y para un hacha, también 3. ¿Cuántos lingotes necesitará en total?

Datos	Operación	Resultado

OPERACIONES

Mientras se adentra aún más en la cueva, Jacob oye un ruido a su espalda. Se gira y ve que unas cuantas arañas salen de un pasillo lleno de telarañas. Dentro de las telarañas, Jacob encuentra un generador de arañas. Mientras se deshace de esas telarañas, salen más arañas.

1

Suma estos números de dos cifras.

a)
      6 3
  + 1 6

b)
      4 2
  + 4 3

c)
      3 7
  + 3 1

d)
      2 2
  + 1 2

2

Al deshacer las telarañas desaparecen arañas. Calcula.

a)
      7 1
  − 2 1

b)
      7 6
  − 1 4

c)
      5 6
  − 2 4

3

Tras haber destruido el generador de arañas y vencido a las arañas, Jacob se detiene para echar una ojeada a su inventario. Necesita más antorchas, ya que ha usado muchas para orientarse en la oscuridad.

Resuelve estas sumas y restas con llevadas.

a)
```
    5 8
+   2 6
_____

_____
```

b)
```
    1 7
+   6 8
_____

_____
```

c)
```
    6 9
+   3 3
_____

_____
```

d)
```
    5 1
−   2 3
_____

_____
```

e)
```
    4 6
−   2 8
_____

_____
```

f)
```
    4 1
−   1 2
_____

_____
```

4

 Añade las cifras que faltan en estas sumas y restas.

a)
```
    4 ☐
+   1 1
_____
    5 4
```

b)
```
    ☐ 7
+   2 5
_____
    4 2
```

c)
```
    ☐ 3
−   4 3
_____
    3 0
```

d)
```
    ☐ 1
−   2 9
_____
    2 2
```

COLOREA LAS ESMERALDAS QUE HAYAS GANADO

SUMAR Y RESTAR POR DESCOMPOSICIÓN

Jacob recuerda su lista y mina bloques de granito para hacer pilares para su casa. Ayúdale a calcular cuántos.

1

Sigue los pasos del ejemplo y resuelve estas sumas.

Ejemplo: 54 + 23 = (50 + 20) + (4 + 3)

= 70 + 7 = 77

a) 14 + 65 = (.......... + ...) + (.......... + ...)

= .... + ... = ...

b) 26 + 32 = (.......... + ...) + (.......... + ...) + (.......... + ...)

= .... + ... + ... = ...

2

Sigue los pasos del ejemplo y resuelve estas restas.

Ejemplo: 85 − 17 = 3 + 60 + 5 = ⬚ 68

a) 53 − 14 = ⬚

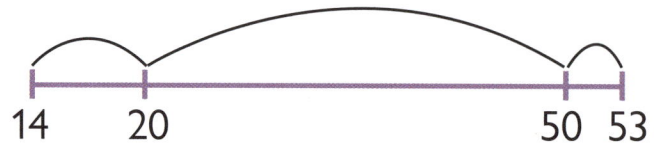

b) 94 − 48 = ⬚

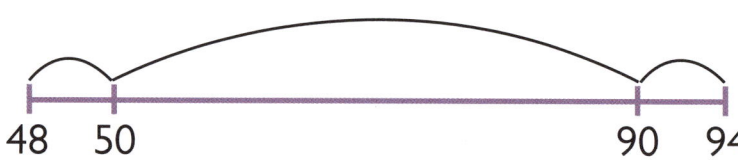

El valiente Jacob ha destruido 6 creepers en el primer ataque y 8 creepers en el segundo.

3

a) Calcula el número de bloques de pólvora que ha conseguido.

6 creepers = ... bloques de pólvora

8 creepers = ... bloques de pólvora

Total = ... + ... = ... bloques de pólvora

b) Para fabricar la dinamita necesita 32 bloques de pólvora. ¿Tiene suficientes bloques de pólvora? ¿Cuántos más necesita?

32 – .... = ... bloques de pólvora

Necesita .... bloques más de pólvora.

Jacob decide construir una pequeña base dentro de la cueva con el fin de poder preparar mejor sus futuras exploraciones. Esta es la comida que le queda.

4

a) ¿Cuántas unidades hay de cada tipo? ....

b) ¿Cuántas chuletas marrones más hay? ....

COLOREA LAS ESMERALDAS QUE HAYAS GANADO

NÚMEROS ORDINALES

Jacob encuentra un montón de cofres con distintos objetos que coloca en fila.

1

Observa el orden de los objetos.

Escribe los números ordinales en palabras.

1.° .... 2.° .... 3.° ....

4.° .... 5.° .... 6.° ....

Y ahora responde:

a) ¿Qué objeto está el primero en la fila? ....

b) ¿Qué lugar ocupa la bola de slime? ....

c) ¿Qué objeto es el sexto? ....

d) ¿Qué objeto está antes del quinto lugar? ....

e) ¿Qué está dos puestos por detrás de la espada? ....

¿Qué lugar ocupa? ....

f) ¿Qué está dos puestos por delante de la caña de pescar? ....

¿Qué lugar ocupa? ....

Jacob ha tenido mucha suerte, ya que ha descubierto un pozo de mina abandonado. Ahí se topa con muchos raíles desordenados llenos de telarañas y hay varios murciélagos revoloteando. ¿Habrá creepers también?

2

Contando desde la izquierda rodea todo lo que ha encontrado Jacob.

El primer y el sexto raíl.

El segundo y el tercer murciélago.

La cuarta y la octava telaraña.

El quinto y el sexto zombi.

COLOREA LAS ESMERALDAS QUE HAYAS GANADO

31

APLICACIONES DE LOS NÚMEROS ORDINALES

Jacob decide construir una pequeña base dentro de la cueva con el fin de poder preparar mejor sus futuras exploraciones. Va a utilizar los raíles, pero los tiene que ordenar de mayor a menor tamaño.

1

Escribe el número ordinal correspondiente, de menor a mayor.

Mientras sigue el camino de antorchas que lo llevará de vuelta a casa, se topa con un limo. Cuesta mucho vencer a los limos porque se dividen al golpearlos.

2

Cambia cada número ordinal por su valor y haz las operaciones para ayudar a Jacob.

1.º 41   2.º 5   3.º 37   4.º 22   5.º 98   6.º 33   7.º 13   8.º 23   9.º 10   10.º 6

| 1.º + 7.º + 2.º | 4.º + 1.º + 10.º | 6.º + 8.º + 9.º |

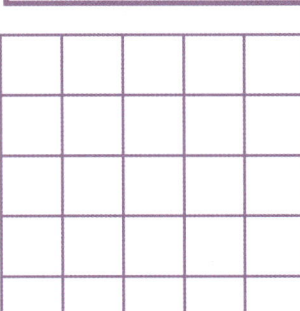 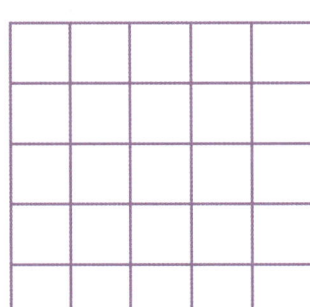 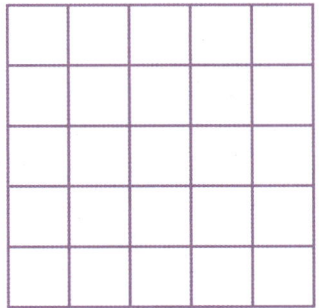

COLOREA LAS ESMERALDAS QUE HAYAS GANADO

32

RESUMEN DE LA AVENTURA

A RECARGAR PILAS

Jacob ha llegado a casa muy cansado. Su aventura en las cuevas ha sido muy emocionante, aunque a veces se ha sentido aterrado. Ha hallado muchos materiales para fabricar objetos, pero, antes de vaciar su inventario, va a cenar. Mientras él estaba fuera, Cali ha preparado unas deliciosas patatas asadas.

CREANDO UN GÓLEM DE HIERRO

Cali utiliza los lingotes de hierro que los dos han conseguido para crear un gólem de hierro que proteja su hogar. Primero, combina los lingotes en bloques y los coloca en el jardín. Después, Jacob le da una calabaza iluminada para que la ponga en la parte superior. Este gólem de hierro los ayudará a combatir a las criaturas y los mantendrá a salvo.

PREPARADOS PARA OTRA AVENTURA

Siempre que Jacob y Cali combaten, su equipo sufre daños, por lo cual tienen que fabricar algunas espadas y armaduras nuevas. Cuando el día acaba, los dos héroes se encuentran cansados, pero entusiasmados porque saben que les aguardan más aventuras.

LAS MEDIDAS

UN VERDOR GLORIOSO

En las junglas siempre hay un verdor espectacular. Sus árboles son mucho más altos que los del Mundo superior y, debido a las enredaderas, da la sensación de que es un lugar denso y cerrado, donde cuesta mucho ver qué hay a lo lejos. Aquí los granos de cacao pueden crecer en los árboles y también se puede hallar bambú. Además, se pueden encontrar sandías.

LOS RECURSOS DE LA JUNGLA

Aquí casi todo se puede coger, transportar y dividir en unidades más pequeñas: los árboles se convierten en troncos, y estos, en tablones. Puedes replantar el bambú en tu casa base. Los granos de cacao y las sandías se trocean, comen o replantan. Corta las enredaderas o trepa por ellas.

¿Y UN LORO COMO MASCOTA?

Aquí viven pandas gigantes, ocelotes y loros. Cada uno de estos animales se alimenta con una clase concreta de comida: los pandas gigantes con bambú, los ocelotes con pescado y los loros con semillas.

Cualquier aventurero saldrá de una jungla con su inventario repleto de comida y madera (¡y puede que hasta con un loro domesticado!).

ADENTRÁNDONOS EN LA JUNGLA

Cali se va a explorar. Desde una montaña cercana, divisa lo que parece ser una jungla: un conjunto de árboles altos, con algunos tallos de bambú. Con sus herramientas preparadas y su inventario vacío, quiere reunir madera, hallar animales y cosechar granos de cacao para hacer galletas.

LA LONGITUD Y LA ALTURA

Cali llega a la jungla. ¡Y ve que los árboles son colosales! Se queda mirándolos mientras se pregunta cuánto miden de altura.

1

¿Qué árbol es más alto?

Marca con un ✓ el árbol de mayor altura.

22 BLOQUES DE ALTURA

29 BLOQUES DE ALTURA

2

Fíjate en las enredaderas A y B. La regla que hay en medio indica cuántos bloques mide cada enredadera. Anota cuánto mide cada una de ellas.

A　　　　　　　**B**

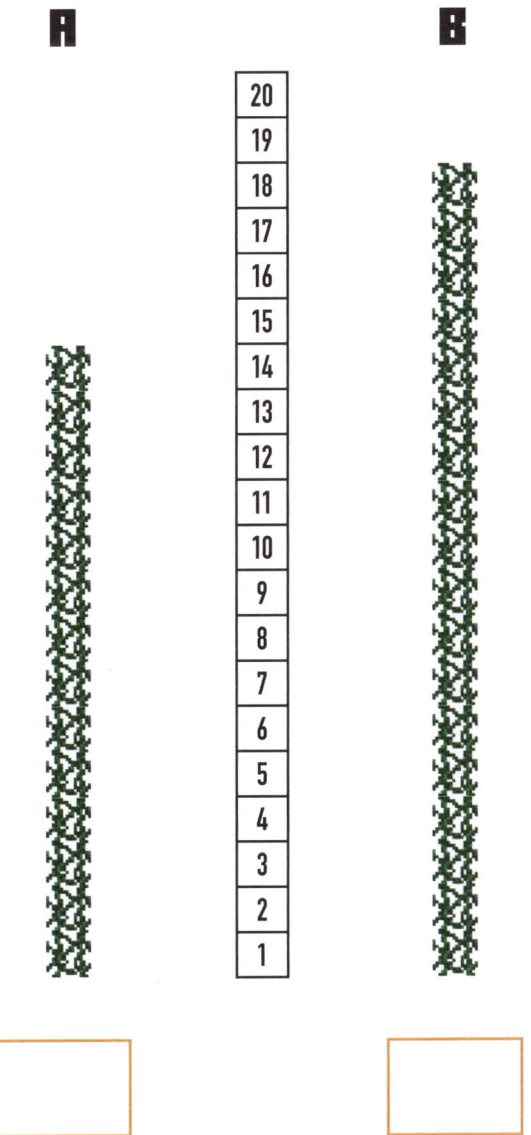

Bloques de altura　　　Bloques de altura

EL PESO Y LA CAPACIDAD

La jungla es asombrosa. Cali piensa en las acacias y los abedules que había visto hasta ahora y los compara mentalmente con un árbol de la jungla.

1

Escribe **pesa más que** o **pesa menos que** en los huecos de las frases de abajo.

ÁRBOL DE LA JUNGLA 9 BLOQUES DE PESO

ACACIA 6 BLOQUES DE PESO

ABEDUL 4 BLOQUES DE PESO

a) El árbol de la jungla .... la acacia.

b) El abedul .... la acacia.

Cali avanza entre los árboles y se topa con un estanque. Coge agua con unos cubos para beber durante su exploración... por si acaso.

2

a) Fíjate en las dos opciones que tienes aquí. ¿Qué número de cubos necesitarás para llenar una cantimplora más rápido? Marca con un ✓.

 ☐      ☐

b) Mira otra vez los dos conjuntos de cubos de la parte a).

Ahora completa la siguiente oración.

Tres .... de agua llenarían una cantimplora más rápido

porque tienen más .... que ....

A los pandas les encanta rodar por el suelo y masticar bambú. Cali ve uno y se pregunta cuánto pesará.

3

Estas balanzas nos indican cuánto podrían pesar un panda y un ocelote.

Completa las oraciones que hay debajo de cada una de ellas.

a)

El panda pesa ⬚ bloques.

b)

El ocelote pesa ⬚ bloques.

Cali se adentra en la jungla hasta dar con una aldea donde solo hay unas pocas casas y una granja. Cerca de los cultivos de remolacha, encuentra un compostador y observa cómo se llena cuando le echan flores, semillas o desechos.

4

❤ Estos dibujos muestran lo llenos que están los tres compostadores (numerados del 1 al 3). Traza una línea para unir cada descripción con la imagen correcta.

a)

| lleno |
| vacío |
| medio lleno |

 **1**

 **2**

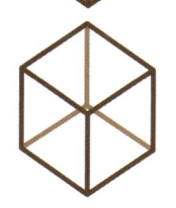 **3**

b) Completa las siguientes oraciones con las palabras **más** o **menos**.

El compostador 1 tiene ....

que el compostador 2.

El compostador 3 tiene ....

que el compostador 2.

COLOREA LAS ESMERALDAS QUE HAYAS GANADO

37

EL TIEMPO

Cali ve revolotear unos loros muy bonitos. Le gustaría domesticar uno para tenerlo como mascota, para que se le pose en el hombro y le haga compañía. A los loros les encanta comer semillas.

1

Traza una línea que una cada recuadro con los dibujos para indicar el orden en que Cali debe hacer las cosas para domesticar un loro.

Da de comer al loro.

Primero
Segundo
Después
Por último

Encuentra un loro.

Una vez domesticado, entrénalo para que se te pose en el hombro.

Ve a la jungla y hazte con la comida necesaria para alimentar al loro.

Cali y su loro, que ahora es su amigo, están preparados para seguir explorando. Ella está pensando en cómo ha ido su día hasta ahora y en qué más sorpresas le puede traer.

2

Rellena cada hueco con las palabras correctas para mostrar el orden en que han transcurrido los acontecimientos a lo largo del día para Cali.

el día siguiente	la mañana	la tarde	la noche

Cali se despertó por ...., lista para afrontar un nuevo día.

Durante ...., exploró la jungla y consiguió varios objetos. Cali

se irá a la cama por .... y dormirá hasta ....

Cali aún no sabe qué nombre poner a su loro. Unas veces piensa que Capitán, otras que Semilla, por lo mucho que le gustan. Mientras decide, le va enseñando palabras. ¡Ya sabe decir Jacob! Quizá le puedas pedir ayuda para resolver estas cuestiones del calendario.

3

Completa.

Ayer	Hoy	Mañana
....	Domingo	....
....	10 de mayo	....

4

Escribe los meses del año y une con el cuadro correspondiente.

....

.... **Tiene 30 días** ....

....

.... **Tiene 31 días** ....

....

.... **Tiene 28 o 29 días** ....

COLOREA LAS ESMERALDAS QUE HAYAS GANADO

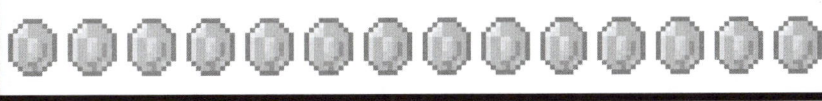

EL DINERO

Cali ha conseguido mucha madera en la jungla. También ha encontrado sandías y granos de cacao. En el camino de vuelta, se topa con un vendedor errante. Mientras Cali le compra algo y le paga con unas esmeraldas, responde estas preguntas sobre monedas y billetes que deberías conocer.

1

Mira estas monedas.

¿Cuántas hay de cada clase?

1 euro [ ]   2 euros [ ]

2

Anota cuánto valen cada una de estas monedas y estos billetes.

a)

b)

c)

....

d)

e)

....

Al final Cali ha comprado más de lo que pensaba y se ha gastado todas las esmeraldas que llevaba encima. ¡El vendedor tenía muchas cosas interesantes!

Rodea el recuadro con más dinero.

Cali se ha quedado con ganas de comprar más cosas. Ayúdala a hacer los cálculos para ver cuánto tiene que ahorrar para su siguiente visita al mercado.

4

Resta estas cantidades de dinero.

a)

   **+**   **= ....**

b)

   **= ....**

5

 Fíjate en lo que valen estos objetos.

a) ¿Cuánto cuestan estos objetos en total?

....

b) Un cliente compra todos los objetos y los paga con un billete de 20 €.

¿Cuánto cambio le darán?

....

1 moneda de 2 € y
1 moneda de 1 €

1 billete de 5 € y
1 moneda de 1 €

1 billete de 5 € y
3 monedas de 1 €

COLOREA LAS ESMERALDAS QUE HAYAS GANADO

42

RESUMEN DE LA AVENTURA

UN BUEN DÍA EXPLORANDO

Cali ha disfrutado de un gran día. Se ha olvidado de luchar y ha descansado. Ha descubierto árboles y plantas que nunca antes había visto. Además, ahora tiene un loro mascota como amigo.

LA FRUTA FAVORITA

Jacob y Cali ya tienen su casa, han explorado, han fabricado objetos nuevos e incluso han hecho amigos.

LECHE CON GALLETAS PARA CENAR

Antes de irse a la cama, Cali usa parte de la madera para construir una pequeña habitación en la que vivirá su loro. Entretanto, Jacob hace algunas galletas. ¡Y se las van a tomar con leche de sus propias vacas! ¡Qué bueno!

GEOMETRÍA

UN LUGAR ACOGEDOR PARA VIVIR

Al principio la casa era solo un refugio, pero ha acabado siendo un hogar muy acogedor y cómodo.

MEJORAS EN EL HOGAR

Jacob y Cali deciden hacer algunas obras y reformas, tanto dentro de la casa como en su exterior.

44

FIGURAS PLANAS

Jacob está construyendo un almacén cerca de la casa, que llenará de cofres. Tras escoger la madera que desea, se dispone a colocar bloques de distintas formas.

1

Mira los dibujos. Une el nombre con la figura correspondiente.

Cuadrado	**Rectángulo**

Jacob construirá un estanque entre el almacén y la casa. Echará arena alrededor del estanque para cultivar cañas de azúcar.

2

El estanque puede tener dos formas:

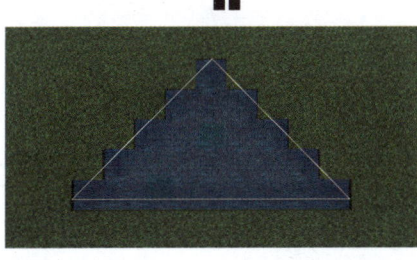   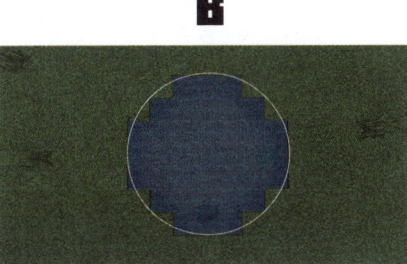

Marca con un ✓ la casilla correcta para responder a cada pregunta.

a) ¿Qué forma tiene el estanque A?   Círculo ☐   Triángulo ☐

b) ¿Qué forma tiene el estanque B?   Círculo ☐   Triángulo ☐

Jacob retrocede para contemplar su nuevo almacén.

3

Jacob hace este dibujo de la parte delantera de su almacén.

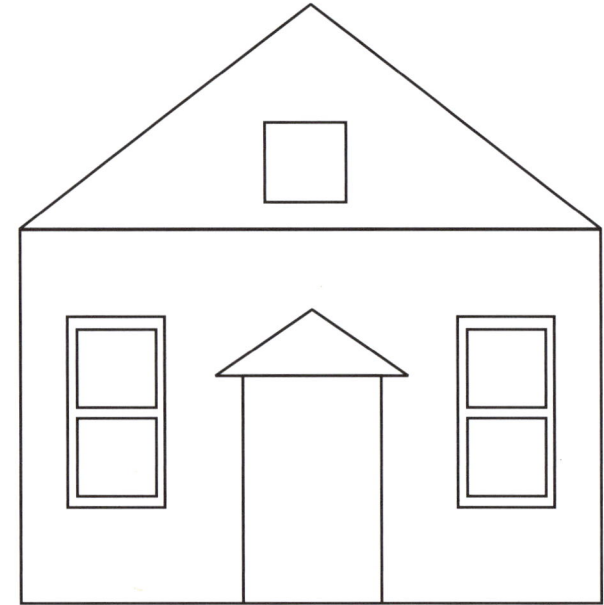

a) ¿Cuántos cuadrados puedes ver?

b) ¿Cuántos rectángulos puedes ver?

c) ¿Cuántos triángulos puedes ver?

Jacob regresa a la casa. Se para en la puerta y recorre con la mirada la habitación principal.

4

Mira la ilustración de la habitación. Traza una línea desde cada figura de la izquierda hasta un objeto de la habitación que tenga una forma similar.

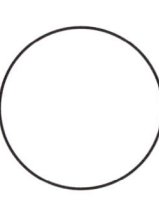

46

COLOREA LAS ESMERALDAS QUE HAYAS GANADO

DISTINTAS FIGURAS

Jacob está pensando en el equipo que van a necesitar más adelante. No pueden luchar contra unos enemigos tan duros armados únicamente con unas espadas de hierro. Sueña despierto con tener una espada de diamantes.

1

¿Qué figuras puedes ver en este diagrama de una espada?

Marca con un ✓ las casillas de todas las figuras que seas capaz de ver.

Cuadrado

Círculo

Rectángulo

Triángulo

COLOREA LAS ESMERALDAS QUE HAYAS GANADO

CUERPOS GEOMÉTRICOS

Jacob ha acabado de trabajar por hoy. Y ahora está pensando en qué cosas divertidas podría construir, ya que disfruta creando cosas nuevas.

1

Escribe el nombre de un objeto que tenga una forma parecida a estos cuerpos geométricos.

a)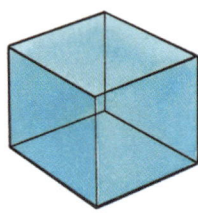

b)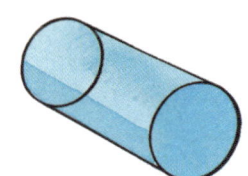

c)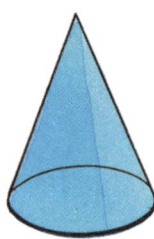

**Hay algunas figuras que Cali y Jacob solo se pueden imaginar.
¿Qué pensarían de estas?**

2

Une el nombre de cada figura con el dibujo correcto.

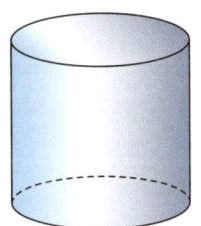

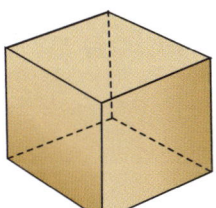

Cono

Cilindro

Pirámide

Cubo

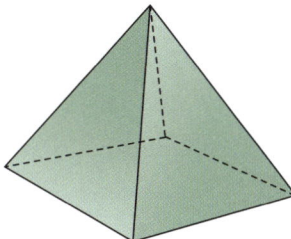

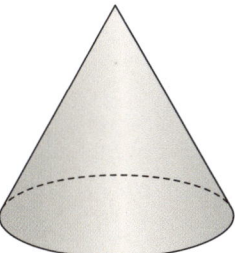

**Jacob y Cali están jugando a encontrar figuras tridimensionales por
toda la casa. El ganador obtendrá una esmeralda como premio.**

3

 Mira estos objetos. ¿A qué formas tridimensionales se parecen más?

a)

b)

....

....

c)

d)

....

....

**COLOREA LAS ESMERALDAS
QUE HAYAS GANADO**

49

DESCRIBIENDO LA POSICIÓN

Jacob y Cali están muy orgullosos de todo lo que han hecho hasta ahora en su casa. Han creado tantas cosas maravillosas que han logrado que tenga un aspecto agradable y acogedor. Para la habitación principal, han usado granito rosa en la parte central del suelo y luego han puesto una alfombra encima.

Fíjate en esta ilustración para responder las preguntas 1 a 4.

1

En la ilustración de arriba, añade los objetos que se indican.

a) Dibuja una planta sobre la mesa de trabajo.

b) Dibuja un cofre delante de la cama azul.

c) Dibuja un cuadro enmarcado en la pared.

2

Vuelve a fijarte en la ilustración de la página 50. Elije la palabra correcta en la casilla de abajo para completar cada oración.

cofre	puerta	alfombra

a) El .... está en la parte superior de las estanterías.

b) La .... está entre la cama roja y la cama azul.

3

Vuelve a fijarte en la ilustración de la página 50. Ahora contesta estas preguntas.

a) ¿Qué puedes ver encima de la cama azul, entre la ventana y el cuadro?

....

b) ¿De qué color son los dos cuadrados que hay en medio de la alfombra?

....

c) Mira por la ventana de la derecha. ¿Qué puedes ver en el exterior?

....

4

Escribe una oración para describir dónde está la cama roja.

....

....

COLOREA LAS ESMERALDAS QUE HAYAS GANADO

IZQUIERDA, DERECHA, HACIA ADELANTE Y HACIA ATRÁS

Para poder decidir dónde podrían poner los muebles nuevos, Jacob y Cali se imaginan que están viendo otra habitación desde arriba.

Fíjate en esta ilustración para responder las preguntas 1 a 3.

1

Cali recorre la habitación con la mirada.

a) ¿Qué objeto tiene Cali delante? ....

b) ¿Qué objeto está detrás de Cali? ....

c) Completa lo que falta en la oración.

La mesa de trabajo está en .... de la habitación.

2

Vuelve a fijarte en la ilustración de la página 52. Rodea la respuesta correcta.

a) La ventana está situada a la **DERECHA** / **IZQUIERDA** de Cali.

b) La puerta está a la **DERECHA** / **IZQUIERDA** de la ventana.

c) La estantería está a la **DERECHA** / **IZQUIERDA** de Cali.

d) Cali está a la **DERECHA** / **IZQUIERDA** de la mesa de trabajo.

3

Vuelve a fijarte en la ilustración de la página 52. Imagina tres muebles nuevos en la habitación: un armario, una mesilla y un baúl. Dibújalos y completa las frases con algunas de estas expresiones:

| **a la izquierda** | **a la derecha** | **delante** | **detrás** |

a) El armario está .... de la puerta.

b) La mesilla está .... de la cama.

c) El baúl está .... de la ventana.

53

Aquí tienes una cuadrícula que muestra el plano de una habitación de la casa de Jacob. Indica dónde se encuentra él y dónde están los distintos objetos en la habitación.

Caldero

Lingote de hierro

Antorcha

Espada de hierro

Telaraña

Estantería

Soporte para pociones

4

Jacob está delante del soporte para pociones. Si retrocede cuatro casillas...

¿Qué objeto tiene ahora al lado? ....

5

Jacob está delante del soporte para pociones. Si gira a la derecha y avanza dos casillas, y luego gira a la izquierda...

¿Qué objeto tiene ahora delante? ....

6

Jacob está delante del soporte para pociones. Si gira a la izquierda y avanza una casilla, luego gira a la izquierda y avanza tres, y después gira a la derecha...

¿Qué objeto tiene ahora delante? ....

COLOREA LAS ESMERALDAS QUE HAYAS GANADO

RESUMEN DE LA AVENTURA

UN HOGAR FELIZ

Jacob y Cali comparten un pastel mientras hablan sobre todas las cosas tan emocionantes que han hecho y han visto. ¡Sí, han vivido una gran aventura! Se sienten seguros y felices en su nuevo hogar.

¿QUÉ ES ESE RUIDO?

Algo está asustando a los animales ahí fuera. Jacob y Cali se dirigen hacia la puerta y la abren de golpe. En la oscuridad de la noche, solo pueden unas ver sombras. Los héroes desenvainan sus espadas.

¡ALERTA: SAQUEADORES!

Cuando las sombras se aproximan a las vallas, que están iluminadas, ven que no son ni zombis ni esqueletos, sino algo peor: ¡una banda de saqueadores! Van armados con ballestas y dan brincos enfurecidos.

¿UN FINAL FELIZ?

Jacob y Cali se preparan para defender su hogar. ¡Imagínate esta batalla! ¡Tú decides cómo acabará!

RESPUESTAS

Página 5

1 4 [1 esmeralda]

2

[1 esmeralda cada uno]

Páginas 6–7

1 11 24 36 45 50 [1 esmeralda cada uno]

2 **a)** 26 [1 esmeralda]
   b) 31 [1 esmeralda]
   c) 33 [1 esmeralda]

3 **a)** 42 [1 esmeralda]
   b) 39 [1 esmeralda]
   c) 35 [1 esmeralda]

Páginas 8–9

1 **a)** $(8 + 1) = 9$ [1 esmeralda]
   b) $(14 + 1) = 15$ [1 esmeralda]
   c) $(17 + 1) = 18$ [1 esmeralda]
   d) $(22 + 1) = 23$ [1 esmeralda]
   e) $(29 + 1) = 30$ [1 esmeralda]

2 **a)** $(5 - 1) = 4$ [1 esmeralda]
   b) $(10 - 1) = 9$ [1 esmeralda]
   c) $(16 - 1) = 15$ [1 esmeralda]
   d) $(27 - 1) = 26$ [1 esmeralda]
   e) $(30 - 1) = 29$ [1 esmeralda]

3 4 [1 esmeralda]

Páginas 10–11

1 6 [1 esmeralda]
2 15 [1 esmeralda]
3 20 [1 esmeralda]

4

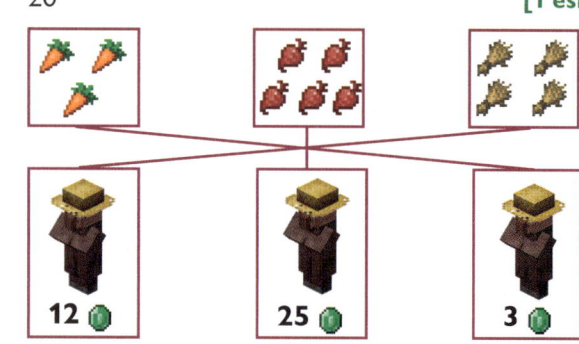

[1 esmeralda cada uno]

5 Hay que rodear tres esmeraldas

[1 esmeralda]

Páginas 12–13

1 menor que [1 esmeralda]
2 mayor que [1 esmeralda]
3

[1 esmeralda]

4 **a)** igual a [1 esmeralda]
   b) menor que [1 esmeralda]
   c) mayor que [1 esmeralda]

Página 14

1

[1 esmeralda cada uno]

2 14 [1 esmeralda]
   12 [1 esmeralda]

Página 17

1 Se dibujan tres champiñones marrones [1 esmeralda]
2 3 [2 esmeraldas]
3 Se tachan cuatro troncos [1 esmeralda]
4 4 [2 esmeraldas]

Páginas 18–19

1 Se dibujan cinco conejos; el total es 9 [1 esmeralda]
2 20 [1 esmeralda]
3 10 [1 esmeralda]
4 2 [1 esmeralda]

Páginas 20–22

1 Se tachan ocho lingotes; 10 [1 esmeralda cada uno]
2 Se dibujan cuatro esqueletos; 12 [1 esmeralda cada uno]
3 16 [1 esmeralda]

4 Las casillas se unen de la siguiente manera:

Cali usa 5 bloques de carbón. ¿Cuántos bloques de carbón le quedan? 15 bloques **[1 esmeralda]**

Cali usa 12 bloques de carbón. ¿Cuántos bloques de carbón le quedan? 8 bloques **[1 esmeralda]**

Cali usa 15 bloques de carbón. ¿Cuántos bloques de carbón le quedan? 5 bloques **[1 esmeralda]**

5 a) 2 **[1 esmeralda]**

   b) 4 **[1 esmeralda]**

6 9 **[1 esmeralda]**

Página 25

1 a) 15

   b) 17

   c) 29

   d) 28

   e) 37 **[5 esmeraldas]**

2 Datos: 7 vetas de oro y 18 vetas de hierro

Operación: 7 + 18

Resultado: 25 **[1 esmeralda]**

3 Datos: 2 lingotes de hierro para la espada; 3 lingotes para el pico y 3 lingotes para el hacha

Operación: 2 + 3 + 3

Resultado: 8 **[1 esmeralda]**

Páginas 26–27

1 a) 79

   b) 85

   c) 68

   d) 34 **[4 esmeraldas]**

2 a) 50

   b) 62

   c) 32 **[3 esmeraldas]**

3 a) 84

   b) 85

   c) 102

   d) 28

   e) 18

   f) 29 **[6 esmeraldas]**

4 a) 3

   b) 1

   c) 7

   d) 5 **[4 esmeraldas]**

Páginas 28–29

1 a) 14 + 65 = (10 + 60) + (4 + 5) = 70 + 9 = 79

   b) 26 + 32 = (20 + 30) + (6 + 2) = 50 + 8 = 58

[2 esmeraldas]

2 a) 39

   b) 46 **[2 esmeraldas]**

3 a) 6 creepers = 12 bloques de pólvora **[1 esmeralda]**

      8 creepers = 16 bloques de pólvora **[1 esmeralda]**

      Total = 28 bloques de pólvora **[1 esmeralda]**

   b) 32 − 28 = 4. Necesita 4 bloques más de pólvora

[1 esmeralda]

4 a) 4 chuletas rojas y 5 chuletas marrones

[1 esmeralda]

   b) 1 **[1 esmeralda]**

Páginas 30–31

1 1.° primero 2.° segundo 3.° tercero

4.° cuarto 5.° quinto 6.° sexto

   a) espada

   b) cuarto

   c) caña de pescar

   d) bola de slime

   e) libro; tercer lugar

   f) bola de slime; cuarto lugar

[3 esmeraldas]

2 El primer y el sexto raíl.

El segundo y el tercer murciélago.

La cuarta y la octava telaraña.

El quinto y el sexto zombi.

[4 esmeraldas]

Página 32

1

2.°   3.°   5.°   4.°   1.°

[1 esmeralda]

2 41 + 13 + 5 = 59

22 + 41 + 6 = 69

33 + 23 + 10 = 66 **[1 esmeralda cada uno]**

Página 35

1 Se debe marcar el segundo árbol   **[1 esmeralda]**

2 A: 14   **[1 esmeralda]**

    B: 18   **[1 esmeralda]**

Páginas 36–37

1 **a)** pesa más que   **[1 esmeralda]**

    b) pesa menos que   **[1 esmeralda]**

2 **a)** Se marcan tres cubos   **[1 esmeralda]**

    b) cubos; capacidad; un cubo   **[1 esmeralda]**

3 **a)** 6   **[1 esmeralda]**

    b) 2   **[1 esmeralda]**

4 **a)** Se trazan las líneas de la siguiente manera:

    «lleno» va unido al compostador 1   **[1 esmeralda]**

    «vacío» va unido al compostador 3   **[1 esmeralda]**

    «medio lleno» va unido

    al compostador 2   **[1 esmeralda]**

    b) más; menos   **[1 esmeralda cada uno]**

Páginas 38–39

1

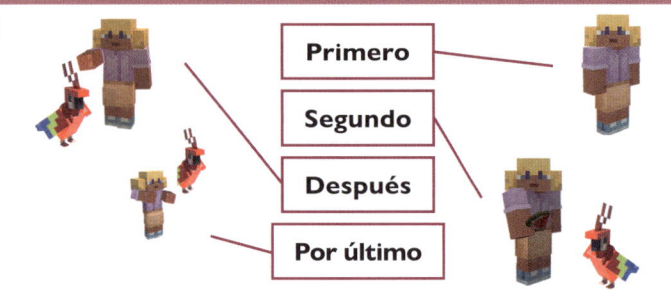

    [1 esmeralda cada uno]

2 la mañana; la tarde; la noche; el día siguiente

    [1 esmeralda cada uno]

3

Ayer	Hoy	Mañana
Sábado	**Domingo**	Lunes
9 de mayo	**10 de mayo**	11 de mayo

    [4 esmeraldas]

4 Tiene 30 días: abril, junio, septiembre y noviembre

    Tiene 31 días: enero, marzo, mayo, julio, agosto,

    octubre y diciembre

    Tiene 28 o 29 días: febrero   **[2 esmeraldas]**

Páginas 40–42

1 5 monedas de 1 euro y 7 monedas de 2 euros

    [2 esmeraldas]

2 **a)** 1 euro

    b) 2 euros

    c) 5 euros

    d) 10 euros

    e) 20 euros   **[5 esmeraldas]**

3 El recuadro de la derecha tiene más dinero

    [2 esmeraldas]

4 **a)** 28 € + 27 € = 55 €

    b) 34 € − 23 € = 11 €   **[2 esmeraldas]**

5 **a)** 17 €

    b) 3 €   **[2 esmeraldas]**

Páginas 45–46

1

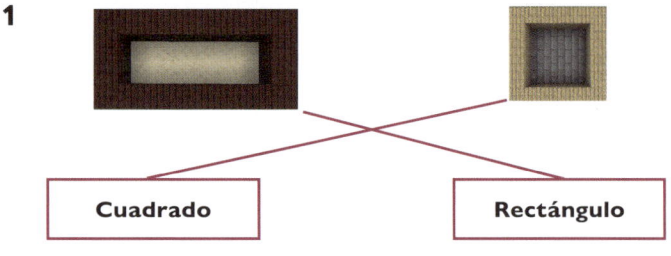

Cuadrado   Rectángulo

    [1 esmeralda cada uno]

2 **a)** Triángulo   **[1 esmeralda]**

    b) Círculo   **[1 esmeralda]**

3 **a)** 5   **[1 esmeralda]**

    b) 4   **[1 esmeralda]**

    c) 2   **[1 esmeralda]**

4

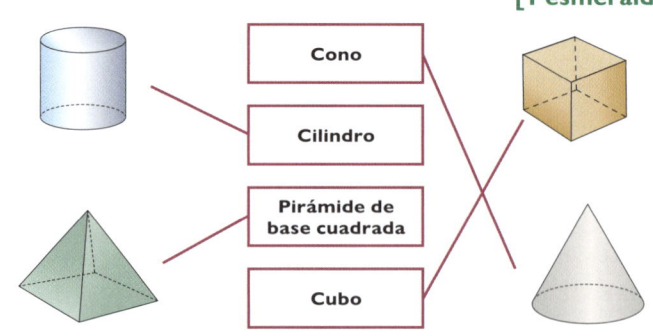

    [1 esmeralda por los círculos identificados;
1 esmeralda por los semicírculos identificados]

Página 47

1 Se deben marcar:

    Cuadrado; Rectángulo; Triángulo   **[1 esmeralda cada uno]**

Páginas 48–49

1 **a)** **Por ejemplo:** un dado   **[1 esmeralda]**

    b) **Por ejemplo:** un tubo de cartón   **[1 esmeralda]**

    c) **Por ejemplo:** un cucurucho de helado

    [1 esmeralda]

2

Cono   Cilindro   Pirámide de base cuadrada   Cubo

    [1 esmeralda cada uno]

3 **a)** Cono   **[1 esmeralda]**

    b) Pirámide   **[1 esmeralda]**

    c) Cubo   **[1 esmeralda]**

    d) Esfera   **[1 esmeralda]**

Páginas 50–51

1 a) Hay que dibujar una planta sobre la mesa de trabajo (que está debajo de la ventana izquierda)

[1 esmeralda]

b) Hay que dibujar un cofre delante de la cama azul

[1 esmeralda]

c) Se debe dibujar un cuadro enmarcado en cualquier parte de la pared

[1 esmeralda]

2 a) cofre [1 esmeralda]

b) alfombra [1 esmeralda]

3 a) una antorcha [1 esmeralda]

b) negro y blanco [1 esmeralda]

c) Cualquier respuesta adecuada.
Por ejemplo: una valla; un jardín; hierba

[1 esmeralda]

4 Cualquier respuesta adecuada.
Por ejemplo:
La cama roja está entre la mesa de trabajo
y las estanterías de los libros [1 esmeralda]

Páginas 52–54

1 a) la cama [1 esmeralda]

b) la puerta [1 esmeralda]

c) el centro [1 esmeralda]

2 a) DERECHA [1 esmeralda]

b) IZQUIERDA [1 esmeralda]

c) IZQUIERDA [1 esmeralda]

d) IZQUIERDA [1 esmeralda]

3 La respuesta depende de dónde
se dibujen los elementos [3 esmeraldas]

4 estantería [1 esmeralda]

5 antorcha [1 esmeralda]

6 caldero [1 esmeralda]

DESCUBRE NUESTRA COLECCIÓN OFICIAL DE LIBROS SOBRE MINECRAFT:

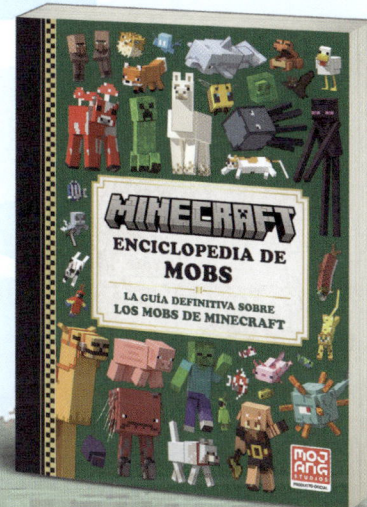

MINECRAFT
ENCICLOPEDIA DE MOBS
LA GUÍA DEFINITIVA SOBRE LOS MOBS DE MINECRAFT

MINECRAFT
INVENTOS ÉPICOS
MÁS DE 20 PROYECTOS QUE DESPERTARÁN TU IMAGINACIÓN

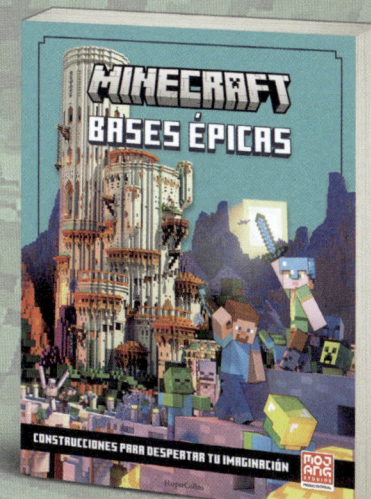

MINECRAFT
BASES ÉPICAS
CONSTRUCCIONES PARA DESPERTAR TU IMAGINACIÓN

NUEVA EDICIÓN
MINECRAFT
GUÍA PARA PRINCIPIANTES
EMPIEZA TU VIAJE CREATIVO Y DE SUPERVIVENCIA

MINECRAFT
EL DRAGÓN DEL FIN

MINECRAFT
AVENTURAS EN EL REINO ETERNO

MINECRAFT
EL PORTAL EN RUINAS

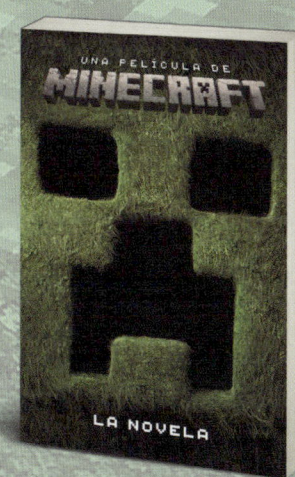

UNA PELÍCULA DE
MINECRAFT
LA NOVELA

¡CANJEA TUS ESMERALDAS!

¡Te felicitamos por haber ayudado a Jacob y a Cali en sus aventuras! Por el camino, has ganado muchas esmeraldas al responder unas cuantas preguntas complicadas. Este comerciante espera que te las gastes. Imagínate que te estás preparando para una aventura nocturna en la que sabes que combatirás contra muchas criaturas. ¿Qué cosas comprarías para poder sobrevivir a esa noche?

Pídele a un adulto que te ayude a contar todas tus esmeraldas y escribe el resultado de la suma en esta casilla.

¿HUMM?

INVENTARIO DE LA TIENDA

- CORAZA DE DIAMANTE: 30 ESMERALDAS
- CASCO DE DIAMANTE: 20 ESMERALDAS
- MALLAS DE DIAMANTE: 25 ESMERALDAS
- ESPADA DE DIAMANTE: 25 ESMERALDAS
- PICO DE DIAMANTE: 20 ESMERALDAS
- BALLESTA: 15 ESMERALDAS
- FLECHAS DE DECADENCIA: 10 ESMERALDAS
- FUEGOS ARTIFICIALES: 5 ESMERALDAS
- MANZANA DE ORO: 10 ESMERALDAS
- SALMÓN COCINADO: 10 ESMERALDAS
- SOPA DE REMOLACHA: 10 ESMERALDAS
- LIBRO ENCANTADO: 15 ESMERALDAS
- POCIÓN DE REGENERACIÓN: 30 ESMERALDAS
- POCIÓN DE INVISIBILIDAD: 35 ESMERALDAS
- POCIÓN DE FUERZA: 35 ESMERALDAS

Oh, tienes muchas esmeraldas. ¡Estupendo! Recuerda que, al igual que ocurre con el dinero real, no hace falta que te lo gastes todo. A veces, es bueno ahorrar.